Santa's
FAVORITE
HO

Santa's
FAVORITE
HO

Santa's
FAVORITE
HO

Santa's
FAVORITE
HO

Santa's
FAVORITE
HO

Santa's
FAVORITE
HO

Santa's
FAVORITE
HO

Santa's
FAVORITE
HO

Santa's
FAVORITE
HO

Santa's
FAVORITE
HO

Santa's
FAVORITE
HO

Santa's
FAVORITE
HO

Santa's
FAVORITE
HO

Santa's
FAVORITE
HO

Santa's
FAVORITE
HO

Santa's
FAVORITE
HO

Santa's
FAVORITE
HO

Santa's
FAVORITE
HO

Santa's
FAVORITE
HO

Santa's
FAVORITE
HO

Santa's
FAVORITE
HO

Santa's
FAVORITE
HO

Santa's
FAVORITE
HO

Santa's
FAVORITE
HO

Santa's
FAVORITE
HO

Santa's
FAVORITE
HO

Santa's
FAVORITE
HO

Santa's
FAVORITE
HO

Santa's
FAVORITE
HO

Santa's
FAVORITE
HO

Santa's
FAVORITE
HO

Santa's
FAVORITE
HO

Santa's
FAVORITE
HO

Santa's
FAVORITE
HO

Santa's
FAVORITE
HO

Santa's
FAVORITE
HO

Santa's
FAVORITE
HO

Santa's
FAVORITE
HO

Santa's
FAVORITE
HO

Santa's
FAVORITE
HO

Santa's
FAVORITE
HO

Santa's
FAVORITE
HO

Santa's
FAVORITE
HO

Santa's
FAVORITE
HO

Santa's
FAVORITE
HO

Santa's
FAVORITE
HO

Santa's
FAVORITE
HO

Santa's
FAVORITE
HO

Santa's
FAVORITE
HO

Santa's
FAVORITE
HO

Santa's
FAVORITE
HO

Santa's
FAVORITE
HO

Santa's
FAVORITE
HO

Santa's
FAVORITE
HO

Santa's
FAVORITE
HO

Santa's
FAVORITE
HO

Santa's
FAVORITE
HO

Santa's
FAVORITE
HO

Santa's
FAVORITE
HO

Santa's
FAVORITE
HO

Santa's
FAVORITE
HO

Santa's
FAVORITE
HO

Santa's
FAVORITE
HO

Santa's
FAVORITE
HO

Santa's
FAVORITE
HO

Santa's
FAVORITE
HO

Santa's
FAVORITE
HO

Santa's
FAVORITE
HO

Santa's
FAVORITE
HO

Santa's
FAVORITE
HO

Santa's
FAVORITE
HO

Santa's
FAVORITE
HO

Santa's
FAVORITE
HO

Santa's
FAVORITE
HO
H

Santa's
FAVORITE
HO

Santa's
FAVORITE
HO

Santa's
FAVORITE
HO

Santa's
FAVORITE
HO

Santa's
FAVORITE
HO

Santa's
FAVORITE
HO

Santa's
FAVORITE
HO

Santa's
FAVORITE
HO

Santa's
FAVORITE
HO

Santa's
FAVORITE
HO

Santa's
FAVORITE
HO

Santa's
FAVORITE
HO

Santa's
FAVORITE
HO

Santa's
FAVORITE
HO

Santa's
FAVORITE
HO

Santa's
FAVORITE
HO

Santa's
FAVORITE
HO

Santa's
FAVORITE
HO

Santa's
FAVORITE
HO

Santa's
FAVORITE
HO

Santa's
FAVORITE
HO

Santa's
FAVORITE
HO

Santa's
FAVORITE
HO

Santa's
FAVORITE
HO

Santa's
FAVORITE
HO

Santa's
FAVORITE
HO

Santa's
FAVORITE
HO

Santa's
FAVORITE
HO

Santa's
FAVORITE
HO

Santa's
FAVORITE
HO

Santa's
FAVORITE
HO

Santa's
FAVORITE
HO

Santa's
FAVORITE
HO

Santa's
FAVORITE
HO

Santa's
FAVORITE
HO

Santa's
FAVORITE
HO

Santa's
FAVORITE
HO

Santa's
FAVORITE
HO

Santa's
FAVORITE
HO

Santa's
FAVORITE
HO

Santa's
FAVORITE
HO

Santa's
FAVORITE
HO

Santa's
FAVORITE
HO

Santa's
FAVORITE
HO

Santa's
FAVORITE
HO

Santa's
FAVORITE
HO

www.ingramcontent.com/pod-product-compliance
Lightning Source LLC
LaVergne TN
LVHW060333080526
838202LV00053B/4463